시조 창작 교육자료

편저 김흥열 · 노재연

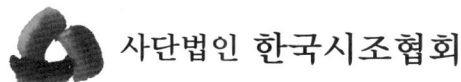
사단법인 한국시조협회

• 발간사 •

사단법인 한국시조협회

이사장 채 현 병

　시조(時調)는 우리 문학사에서 가장 빛나는 문학 양식으로, 생성(生成)이나 소멸(消滅)이 잦던 다른 시가(詩歌)와는 달리 매우 오랜 기간에 걸쳐 계승·발전하여 오늘에 이르렀습니다. 그리하여 세계 유일의 문학 장르로 자리 잡은 우리의 고유문학 브랜드입니다.
　우리 선조들은 시조를 창작·향유함에 있어 허투루 하지 않고, 절제와 극기를 바탕으로 한 시조의 형식적인 규범의 틀에서 벗어나지 않는 것을 모범으로 삼았습니다. 그런 까닭에 퇴계, 율곡, 고산 선생 등의 유명한 시조작가들은 아무리 많은 시조를 지어나가더라도 단 한번도 시조의 정제된 틀을 깨뜨리거나 규범을 일탈하는 법이 없었습니다.
　그러나 오늘날에 와서 시조문단에는 '시조'라는 이름으로 발표되고 있는 수많은 작품들이 시조의 기본 형식에 크게 벗어나고 있어서 우려의 목소리가 드높았습니다. 이에 (사)한국시조협회는 여타 5개 시조 단체와 함께 시조의 정체성을 확립하기 위하여 수많은 토론과 연구를 거쳐 "시조의 명칭과 형식 통일안"을 제정·선포하고, 문학진흥법상 문학장르에 시조를 독립 장르로 당당히 오르도록 하였으며, 시조의 세계화를 위하여 다각도로 여러 가지 사업을 전개하기에 이르렀습니다.

  이 일련의 사업 중에서 (사)한국시조협회는 2016년부터 지금까지 시조를 널리 보급하기 위해 시조강좌를 개설하여 운영해 왔습니다. 그 결과 중앙 본부에 9개, 각 지부에 5개 강좌를 열고 있습니다. 이 과정에서 시조창작 지도서의 필요성이 절실하던 차에, 우리 협회의 김흥열 고문님과 노재연 시조아카데미 원장님의 공동 필진으로 『시조창작 교육자료』를 발간하게 되었습니다. 기쁘기 그지없습니다.

  우리는 세계화가 화두로 떠오르는 시대에 살고 있습니다. 우리의 것을 확실히 알고 가꾸어나가는 사람만이 세계화에 앞장설 수 있는 자격이 있다고 생각합니다. 앞으로 이 시조 지도서가 시조창작의 기본으로 우리나라는 물론, 지구촌 방방곡곡에서 널리 활용되어 우리의 시조가 세계 문학의 중심에서 영원히 빛나기를 염원합니다.

  감사합니다.

2024년 2월 1일

차례

발간사 ·· 2

제1강 시조의 역사 ·· 7
1. 고시조 ··· 7
2. 현대 시조 ··· 8
3. 한국시조협회의 활동 ·· 9

제2강 시조의 명칭과 형식 통일안 ·· 11
1. 명칭 ··· 11
2. 시조의 종류 ·· 11
3. 각 단위의 명칭 ·· 13
4. 시조의 형식 ·· 15

제3강 형상화의 개념과 과정 ·· 18
1. 형상화의 개념 ··· 18
2. 형상화 과정 ·· 24

제4강 수사법, 낯설게 하기 ·· 28
1. 수사법의 종류 ··· 28

2. 낯설게 하기 ………………………………………………… 37

제5강 메시지 만들기 …………………………………………… 42

제6강 연시조의 이해(독립성, 완결성, 연관성) …………… 46
  1. 독립성 ……………………………………………………… 46
  2. 제목과 수의 연관성 ……………………………………… 47

제7강 분리할 수 없는 말 ……………………………………… 51
  1. 통사적 합성어 …………………………………………… 51
  2. 비통사적 합성어 ………………………………………… 51
  3. 합성동사 …………………………………………………… 52
  4. 문맥상 붙어 다니는 말 ………………………………… 52

제8강 시조의 특징 ……………………………………………… 55
  1. 간결성 ……………………………………………………… 55
  2. 함축성 ……………………………………………………… 57
  3. 상징성 ……………………………………………………… 58

제9강 연문 피하기 ……………………………………………… 61
  1. 불필요한 조사 등 생략 ………………………………… 61
  2. '~보다 더~' 비교 구문에서 불필요한 '더~' 생략 ……… 62

3. 중복되는 말의 생략 ·· 62
　　4. 함축의 미를 잘 드러낸 작품 ·································· 63
　　5. 묘사와 비유가 참신한 작품 ·································· 65

제10강 제목 붙이기 ·· 67
　　1. 주제와 내용이 동떨어진 예문 ······························ 68
　　2. 특정 대상만 이해할 수 있는 제목의 예문 ············ 69
　　3. 작품을 읽고 제목을 연상할 수 있는 예문 ············ 69
　　4. 본문의 내용 중 핵심 어휘를 제목으로 한 예문 ······ 70
　　5. 특수 기호를 사용한 예문 ······································ 71

제11강 시조의 품격 ·· 72

제12강 퇴고 ·· 76

※ 시조 짓는 순서 ·· 77

제1강 시조의 역사

1. 고시조

　우리 문학사에서 그 기원이 가장 오래된 장르는 시조이다. 따라서 시조의 발생 시기나 기원에 관한 연구는 학자에 따라 이견이 있을 수밖에 없으나 분명한 것은 고려말 사대부들에 의해 성립된 시가 양식이라는 점이다.

　시조는 자유시가 아니라 정형시이다. 정형시는 세계 여러 나라에서도 볼 수 있으며, 영어의 소네트, 중국의 절구, 율시, 일본의 하이꾸, 와카 등도 그 하나이다. 이들 정형시는 일정한 격식과 틀이 있는 특징을 가지고 있으며, 시조는 고시조에서 부터 3장 6구 12소절의 형식을 유지하고 있다.

　시조는 장수 문학이다. 우리 문학사에서 고대 시가, 향가, 고려가요, 별곡, 속요, 가전체 문학, 고소설, 고대수필, 가사 등 수많은 장르가 나타났다가 사라졌지만 700여 년 이상의 역사를 가진 형태는 고전문학과 현대문학을 통틀어 시조밖에 없다. 시조는 우리 문학 장르 중에서 가장 나이가 많은 최장수 문학이다.

　고시조는 고려말 사대부들에 의해 성립된 시가 양식으로, 평시조의 경우 초·중·종장의 3장과 6구 12소절 45자 내외의 간결하고 압축된 형태로 이루어져 있으며, 이러한 고시조의 형식은 통일 신라 시대의 '10구체 향가' 또는 고려가요 '만전춘'에서 그 기원을 찾을 수 있다. 고시조는 조선 시대에 최전성기를 누리게 되어 현재 5,000여 수의 고시조가 전승되어 내려왔는데, 조선 전기에는 단종의 퇴위와 관련하여 사대부의 절의를 다룬 '절의가' 류, 자연 속에서 생활하는 즐거움을 다룬 '강호한정가' 류, 그리고 애절한 사랑과 이별의 감정을 다룬, 기녀들에 의한 '애정가' 류가 주류를 이루었다. 조선 후기에 들어서면서 윤선도와 같이 자연에 묻혀 사는 즐거움을 빼어나게 표현한 고시조가 나타나기도 하지만, 임진왜란 이후 서민들의 각성과 실학사상의 영향 속에서 지배계층의 무능함을 비판하고, 팍팍하고 힘겨운 서민들의 삶의 애환을 다룬 사설시조가 등장하기도 하였다.

2. 현대 시조(개화기 포함)

신구문학(新舊文學)의 분수령인 갑오경장을 맞아 시조는 고시조의 탈을 벗고 서서히 새 모습을 보이기 시작하였다. 그 향도역을 맡은 이가 육당 최남선이다. 1926년에 최초의 현대 시조집인 육당의 『백팔번뇌』가 발간되었으며, 같은 시기 춘원 이광수, 위당 정인보, 자산 안확 등의 작품은 예스러운 면이 있기는 하지만 고시조와 현대시조의 교량 역할을 했다.

갑오경장 이후의 시조를 모두 현대시조로 다루기보다는 앞서 열거한 이들의 시조를 신시조로 다루고, 그 이후에 활동한 가람 이병기, 노산 이은상의 작품을 현대시조로 보는 것이 마땅하다.

시조를 본격적으로 현대화시키는데 이바지한 사람은 이병기와 이은상이며 31년에는 『노산 시조집』이, 47년에는 『가람 시조집』이, 48년에는 정인보의 『담원 시조집』 등이 발간되어 시조시단에 활기를 불어넣어 주었다. 이후 주요한, 양주동, 이희승을 비롯하여 기타 많은 문사들이 시조에 관심을 기울였으며 1938~39년에 〈문장〉, 〈동아일보〉 등을 통해 등단한 이호우,

김상옥 등에 의해 시조는 심화되기 시작했다.

특히 이호우는 현대시조에서 내면세계를 터치함으로서 현대시조의 격을 높였으며 이후 조종현, 김오남, 이영도, 정훈 등도 나름대로 특유한 시조 영토를 구축하는데 이바지했다. 월하 이태극은 시조 전문지인 〈시조문학〉(1960년 창간)을, 김직승은 〈현대시조〉를, 유성규는 〈시조생활〉을 이끌어 온 공이 크다.

정부 주최 '개천 경축 백일장'(1957~1960)에서 정소파, 장순하, 유성규 등이 배출되었고 1960년대 초에 신춘문예를 통하여 정완영, 이우종, 박경용, 이근배 등이 등단하였으며 뒤이어 역량 있는 작가들이 속출하여 오늘의 시조시단은 현역 작가 수만도 1,500여 명에 달한다.

1964년에 한국시조작가회가 결성되었고, 그 뒤 한국문인협회 시조분과가 생겼다. 시조 중앙전문지로는 〈시조문학〉, 〈시조미학〉, 〈현대시조〉, 〈시조생활〉, 〈시조사랑(계간시조)〉 등이 있으며 각 지방에는 전문 시조지와 동인지가 있어 이를 통하여 활발하게 작품 활동을 하고 있다.

3. 한국시조협회의 활동

개화기부터 도입되기 시작한 서구문물의 영향으로 자유시가 번창하면서 시조는 외면받기 시작하였으며, 시조를 역사적 산물의 하나쯤으로 여겨 오다가 2천 년대 들어와서 관심을 갖기 시작했다. 2012년 (사)한국시조협회가 창립되고, 2016년 〈시조명칭 및 형식 통일안〉을 역사 이래 처음으로 제정·채택하고 이를 선포함으로써 그 정체성을 확립했으며, 우리 협회의 끈질긴 노력으로 2021. 4. 29 〈문학진흥법〉이 개정됨으로써 오랜 숙원인 시조가 독립 장르로 인정을 받았다.

　차제에 우리 협회를 중심으로 시조의 현대화에 박차를 가할 필요성이 제기되고 있다. 시조의 현대화는 형식을 바꾸자는 것이 아니다. 시조의 그릇(형식)에 현대인들의 취향에 맞는 재료(내용)를 담자는 것이다. 형식을 바꾸면 자유시와 어떻게 변별되겠는가. 형식 때문에 시조의 발전에 걸림돌이 된다는 해묵은 타령은 잘못된 생각이다. 시조의 전통적인 형식을 바탕으로 참신하고 발랄한 현대적 내용을 수용했을 때 그 존재 가치가 더 빛날 것이다.

　형식 파괴만이 시조의 현대화라고 주장하는 사이비 시조시인들이 많다. 형식을 벗어나면 더 이상 시조가 될 수 없다. 자유시와 무엇이 다르겠는가. 이제는 형식을 가지고 왈가왈부하지 말고 내용과 표현, 그리고 주제의식이 참신한가를 묻는 데서 현대화를 논의해야 할 것이다.

　오늘날 시조인들은 시조의 저변 확대라는 말을 많이 하고 있다. 문제는 독자층이 두꺼워져야 저변확대가 이루어질 수 있다. 젊은이들의 생활 속 소재와 밀접한 시어를 구사하는 일이 급선무다.

　신소재에 입각한 작품 쓰기, 사물과 시적 대상에 대한 주제의식이 예의 상투성을 벗어나 참신한 이미지로 구사해야 할 것이다.

제2강 시조 명칭과 형식 통일안

해방 이후 여러 학자들의 의견이 조금씩 차이가 있어 그동안 일정한 시조의 외형적 특징, 그 정체성을 형식화하지 못한 점을 아쉽게 생각해 오던 중 한국시조협회를 중심으로 6개 단체 학자들이 모여 6개월에 걸쳐 각종 자료를 발굴 조사 연구하여 3차에 걸쳐 깊이 있는 토론회를 가졌다. 이어서 2016년 12월 15일 국회도서관 강당에서 공청회를 거친 후 그 의견을 반영하여 〈시조 명칭과 형식 통일안〉을 제정 공표하였다.

이는 시조 역사상 처음으로 고시조 및 개화기를 통한 시조 형식에 대한 사실적 근거를 토대로 만들어진 외형적 형식 '통일안'으로 '시조의 정체성'을 확립하였다는 점에서 큰 의의가 있다.

1. 명칭
이 장르의 명칭을 시조(時調)라 한다.

2. 시조의 종류
시조는 단시조(單時調)와 연시조(連時調)로 분류된다. 단 예외로 장시조(長時調)를 변격시조로 인정한다.

1) 단시조와 연시조
단시조는 3장 6구 12소절의 시조 형식이고, 연시조는 단시조 형식이 두 수 이상 되풀이 되는 형식이다. 과거의 연시조는 한 제목 아래, 서로 다른 독립된 단시조가 쓰여 왔으나, 현대시조는 주로 한 제목 아래에 같은 주제로 시상이 연결된 단시조 형태가 연이어 쓰이고 있다. 일부에서는 연시조를 聯詩調로 쓰는 경우도 있으나 이는 시조와는 관계가 없는 용어이다.

2) 단시조(單時調)와 장시조(長時調)

 기존의 문학상 분류 명칭으로는 평시조, 엇시조, 사설시조 등으로 나누는 경우가 있으나 이는 창법상의 명칭이므로 문학상의 명칭으로는 적절하지 못하다.

 작금의 문학상의 분류 명칭으로 '단형시조, 중형시조, 장형시조' 또는 '단시조, 중시조, 장시조' 등이 쓰이고 있으나 단형시조, 중형시조, 장형시조는 시조 자체가 형으로 고정되어 있는데 또 고정의 의미가 있는 '형'을 넣어 중복 표현하는 것이 됨으로 불필요하다. 따라서 '단시조, 중시조, 장시조'로 분류하는 것이 타당하다.

 그러나 중시조와 장시조의 분류는 기준이 명확치 않고, 3장은 같되 6구 12소절을 벗어났으며, 과거의 중시조라 생각되는 시조는 작금에 와 더 이상 쓰이지 않기 때문에 '단시조'와 '장시조' 두 가지로 나누는 것이 타당하다.

 시조의 형식은 3장 6구 12소절이다. 장시조는 3장만 지켜지고 있어 시조의 형식에서 벗어나 있으므로 시조라 할 수 없으나 오랫동안 장시조를 3장만 갖춘 시조로 인정해 왔으므로 장시조를 변격으로 처리 이를 예외로 인정한다.

3. 각 단위의 명칭

1) 수(首)와 편(篇)
① 단시조, 장시조의 단위 명칭은 수 또는 편이라고 한다.
② 연시조의 형태는 두 수 이상의 단시조 형태가 모여서 이루어진 것이므로 그 각각을 수라 칭하고, 이 경우 연시조 전체는 편으로 불러서 수와 구분한다.
➤ 해설 : 단시조가 연시조의 한 부분을 이루고 있을 때는 수라고만 칭해야 하지만, 독립된 단시조의 경우는 수 또는 편이라 부를 수 있다.

2) 장(章)
시조는 고시조집에 행 구분 없이 줄글로 기록되어 있었는데 근대화 과정을 거치면서 3행으로 나누어 쓰는 것이 관행으로 되어 왔다. 이 3행을 각각 장이라 하며, 1행을 초장, 2행을 중장, 3행을 종장이라 한다. 그리고 장을 행이라 부르지는 않는다.
➤ 해설 : 장은 자유시의 연, 행과는 서로 다른 개념이다. 연은 하나 또는 몇 개의 행이 모여 이루어진 문학적 단위이지만 장은 2개의 구, 4개의 소절로 이루어진 시조만의 단위이며, 초장, 중장, 종장은 상호 유기적 관계를 맺도록 연결성이 유지 되어야 한다.
➤ 초장에서는 시적 발상을 이끌어 내고,
➤ 중장에서는 초장의 시의를 확장하거나 이유나 예를 들어

초장을 보완하고,
> 종장에서는 화자의 각오나 결의를 다진다.

3) 구(句)

각 장의 하위 단위로서 각 장을 2개의 의미 단위로 나눈 것을 구라고 하는데, 시조가 초장, 중장, 종장의 3장으로 되어 있으므로 6구가 된다. 각 장의 앞에 것을 내구(전구) 뒤에 것을 외구(후구)라고 한다.

> 해설 : 구는 문장 중 일부로 하나의 의미 내용이 단락 짓는 도막이다. 각 장의 둘째 소절과 셋째 소절 사이에서 일단의 의미가 끊어지며 여기에서 큰 쉼인 기식 단위가 나타난다. 구는 율독 시 자연적으로 의미 단위와 함께 읽혀지는 운율 단위이다.

4) 소절(小節)

구를 다시 나누면 두 개의 소절이 된다. 따라서 초장이 2구 4소절, 중장이 2구 4소절, 종장이 2구 4소절로 되어 있으며, 이를 종합하면 시조는 3장 6구 12소절로 되어 있다.

> 해설 : 현재 문단에서 가장 많이 쓰이는 소절을 과거에는 음보 또는 마디라고 칭해 왔으나 음보(foot)는 서양 시에 나타나는 리듬의 단위와 같지 않아 시조에 있어서는 불분명한 음보 대신 어절과 관계되는 소절이라는 용어로 대체하는 것이 바람직하다.

4. 시조의 형식

1) 운율(韻律)
시조는 각 장 3 또는 4음절로 된 소절이 4번 반복하는 리듬(소절율)이다.

2) 구성
시조의 종류와 시조의 형식에서 이미 설명한 바와 같이 시조의 형식은 3장 6구 12소절로 이루어져 있다.

3) 글자의 수
① 초장 3, 4, 4, 4. 중장 3, 4, 4, 4. 종장 3, 5, 4, 3. 총 음수 45자를 기본형으로 한다.
② 종장 첫 소절은 3자 고정, 둘째 소절은 5~7자로 한다.
③ 나머지는 소절 당 2~5까지 허용하며, 총 음수는 기본형에 2~3자의 가감을 허용한다.

※ 이상을 정리하여 시조의 형식을 음수율로 표기하면 다음과 같다.

장 \ 소절	첫째 소절 음수	둘째 소절 음수	셋째 소절 음수	넷째 소절 음수
초장	어젯밤 3~4자	소낙비가 3~4자	짓밟고 간 3~4자	도랑가에 3~4자
중장	오금을 3~4자	펴지 못한 3~4자	잡초가 3~4자	엉겨 붙어 3~4자
종장	피어린 3자 고정	설움을 모아 5~7자	오색 꿈을 3~4자	엮고 있다. 3~4자

김흥렬의 흙수저

4) 시조의 배행

① 시조의 배행은 규정되지는 않았지만 너무 많은 배열 형태는 정형성을 파괴하여 바람직하지 않고 3장 6구 12소절로 구성하되 소절 이하로 나누어 전개하는 것은 바람직하지 않다.
② 장 배열은 3줄, 구 배열은 2줄, 소절 배열은 4줄로 나누는 것을 기본으로 하되 가감할 수 있다.
③ 연시조의 배행은 두 수 이상이 되풀이되므로, 위에서 제시한 여러 가지 형태로 배행이 가능하나 연과 분명히 구분이 될 수 있도록 수와 수의 간격을 한 칸 더 띄어야 한다.

※ 시조의 배행 예시

장 배열	초,중장은 장 배열, 종장은 소절과 구 배열
바위/ 김광수 고독마저 황홀하게 사르는 석양빛을 늘 시린 가슴에다 모닥불로 지펴놓고 무상을 휘감고 앉아 그 아픔을 삭인다.	바위/ 김광수 고독마저 황홀하게 사르는 석양빛을 늘 시린 가슴에다 모닥불로 지펴놓고 무상을 휘감고 앉아 그 아픔을 삭인다.

구 단위 배열	초,중장은 구 배열, 종장은 소절과 구 배열
바위/ 김광수 고독마저 황홀하게 사르는 석양빛을 늘 시린 가슴에다 모닥불로 지펴놓고 무상을 휘감고 앉아 그 아픔을 삭인다.	바위/ 김광수 고독마저 황홀하게 사르는 석양빛을 늘 시린 가슴에다 모닥불로 지펴놓고 무상을 휘감고 앉아 그 아픔을 삭인다.
초,종장은 소절과 구 배열, 중장은 구 배열	각장 첫 구를 소절로 배열
바위/ 김광수 고독마저 황홀하게 사르는 석양빛을 늘 시린 가슴에다 모닥불로 지펴놓고 무상을 휘감고 앉아 그 아픔을 삭인다.	바위/ 김광수 고독마저 황홀하게 사르는 석양빛을 늘 시린 가슴에다 모닥불로 지펴놓고 무상을 휘감고 앉아 그 아픔을 삭인다.

제3강 형상화의 개념과 과정

1. 형상화의 개념

시조는 주장이나 정보를 전달하거나 설명하는 언어적 표현이 아니다. 이와 같은 산문적 진술을 시적 진술로 변환하기 위해서는 이를 이미지나 비유 등으로 형상화 시키지 않으면 안 된다. 직접적인 메시지 전달 기능을 배제하여 언어를 사물화 시켜야 한다. 즉 표현하고자 하는 바를 관념적, 추상적, 직설적인 진술이 아닌 구체적, 감각적 진술로 표현해야 한다. 시조를 짓는 첫 걸음은 형상화이다. 예컨대,

① 그녀는 아름답다.　② 그녀는 장미꽃이다.
① 가슴이 아프다.　② 가슴이 칼로 베인 듯하다.
① 나는 너를 사랑한다.　② 나는 네 창문을 지켜보는 새벽별이다.

위의 진술에서 ①은 시적 진술이 될 수 없다. 비록 감정에 관련되어 있다 하더라도 그 진술은 '감정에 대한 진술' 즉 감정에 대한 설명이지 그 자체로 '감성적 진술'은 아니기 때문이다. ②는 '감정에 대한 진술'이 아닌 '감성적 진술'로서 시인에게 환기된 감정이 형상화되어 있다. 시인이 상상력을 통해서 자신이 체험한 바, 그 정서적 반응을 은유적으로 형상화시키고 있다. 따라서 ②는 시적 언어다. 이같이 형상화를 잘해야 창작이 쉬워지며 뼈가 있는 작품을 만들 수 있다. 따라서 형상화를 배제한 서술문이나 묘사문으로 글자 수(음절수)만 맞추어 쓰는 것은 반드

시 피해야 한다.

　이렇듯 형상화는 어떤 시적 대상을 보고 감흥이 일어났을 때 자신의 체험, 기억, 상상 등을 동원하여 포착한 적절한 객관적 상관물이나 비유적인 언어로 이미지화하여 표현함으로써 심미적 감동의 효과를 최대화하려는 표현이다. 사전적 의미로 보면 '형체가 분명하지 않은 추상적 본질 따위를 어떤 매체를 통하여 구체적인 현상으로 나타내는 것'으로 작가의 의도에 따라 '예술적으로 재창조하는 일'이라 할 수 있다. 다시 말해 추상적 개념을 현실 세계에 존재하는 구체적 사물을 끌어들여 표현하는 방법이다. 이런 경우 대개는 원관념 대신 보조관념을 사용하는 것이 일반적이다.

　언어로 표현된 어떤 현상에 대하여 마음속에 떠오르는 감각적(오감을 통해 느낄 수 있는) 인상이 이미지이고, 나타내고자 하는 어떤 생각, 정서, 현상을 구체적 감각적 언어로 표현하여 독자에게 독창적인 이미지를 환기시키는 것을 형상화라 한다. 이런 면에서 형상화는 시적 변용 과정이다.

　따라서 형상화는 대상의 겉모습을 그려내는 과정이 아니라 작가가 그 대상을 통하여 말하고 싶은 철학 또는 사상이 들어가도록 그림처럼 그려내는 것이다. 예를 들면 '장미꽃이 아름답다' 할 때 작가는 장미꽃의 색깔이나 꽃의 화려한 겉모습이 아니라 장미가 뿜어내는 내적 향기를 우리의 삶에 비유해 그려내야 한다. 이에 따라 우리의 삶의 모습도 장미처럼 아름다운 향기가 나는 삶으로 형상화될 수 있다.

　다음의 고시조 두 편에서 독자는 〈이색〉이나 〈황진이〉가 무엇을 이야기하려고 하는지 그 핵심적인 철학과 사상 또는 선비정신을 자연스럽게 발견해 낼 수 있을 것이다.

예문;

①
백설이 잦아진 골에 구름이 머흐레라
반가운 매화는 어느 곳에 피었는고
석양에 홀로 서 있어 갈 곳 몰라 하노라   -이색-

▶ 백설은 순결, 결백의 속성을 지닌 말이나 여기선 고려 유신을 비유한다. 구름은 간신배들(조선의 신흥 세력)을 비유한다. 중장의 매화는 지조, 충성의 속성을 지닌 말이나 여기선 우국지사를 은유한 말이다. * 머흘레라 : 험악하구나

②
청산리 벽계수야 수이 감을 자랑마라
일도 창해하면 돌아오기 어려우니
명월이 만공산 하니 수여간들 엇더리   -황진이-

▶ 벽계수: 계곡물이면서 왕족 벽계수를 지칭하는 중의법을 사용하고, 명월은 밝은 달이면서 자기의 기명을 빗대어 중의법을 사용하고 있다. 이 시에서 청산과 벽계는 자연의 대조를 그려놓고 있으며, 시간의 유한성에 생사의 철학성까지 내포하고 있어 가히 비범한 절창이라 아니할 수 없다.

③
양귀비꽃/ 문복선

빛깔의 정령들이 독기 뿜는 아침나절
지나는 바람결에 혼절하여 쓰러진다
내 가슴 붉은 핏줄도 역류하다 멎을라.

▶ 비유가 뛰어난 시조이다. 초장에서 양귀비꽃을 '빛깔의 정령'으로 비유하고 있으며, 중장에서 "지나는 바람결에 혼절하여 쓰러진다"고 표현함으로써 의미의 긴장감을 한층 높이고 있다. 종장은 절창이다. 사람들은 흥분할 때 피가 역류한다고 한다. 피가 역류하다 멎는다는 것은 죽음이다. 극단의 상황을 말할 때 "죽겠다"고 한다. 시인은 지금 숨이 넘어갈 지경임을 토로하고 있다.

④
독거노인/ 김흥열

바람만 찾아오는 섣달 끝 판잣집에
고뿔 걸린 그믐달이 쪽방에 모로 누워
두 귀를 문밖에 둔 채 지른 빗장 풀고 있다.

▶ '바람만 찾아오는', '고뿔 걸린 그믐달', '쪽방에 모로 누워', '두 귀를 문밖에 둔 채 지른 빗장'과 같은 언어의 배합은 화자가 주관적 입장을 강하게 표현하고 있는 것이다. 즉 화자가 형상화한 것을 언어의 배합이라는 변용의 과정을 통해 생성시킨 의미라 할 수 있다. '그믐달'은 바짝 마른 노인

을 은유한 표현이다.

⑤
세미원/ 문복선

불이문 돌아들면 모두 다 하나 된다
징검돌이 꽃이 되고 흰 구름도 한 송이 꽃
바람은 맑은 햇살로 젖은 옷깃 헹군다

볼그레 연꽃송인 동승의 합장인가
청풍에 하늘대는 꽃잎은 바라춤을,
긴 꽃대 흔들리는 건 세속 터는 몸짓이다

백 번을 요동친들 깊은 뿌리 흔들리랴
아픈 세월 옹이마다 송백은 목말라도
큰 선비 푸른 눈빛은 꽃향기로 하늘 연다.

▶ 이 작품은 세미원이라는 정원을 시인 특유의 사변적, 심미적 인식을 토대로 '하늘을 여는' 내면적 낙원으로 의미를 부여하고 있다. 불이문을 통과하면 모든 것이 꽃이 되고, 춤이 되며, 기도가 되는 모습을 연출한다. 연꽃과 바람과 몸짓 하나하나가 참신한 메타포의 프리즘을 통해서 생동하는 감각적 세련미를 멋지게 드러내 주고 있으며 높은 예술의 경지까지 끌어올린 이미지의 절창이라 할만하다.

> ⑥
> 조국/ 정완영
>
> 행여나 다칠세라 너를 안고 줄 고르면
> 떨리는 열 손가락 마디마디 에인 사랑
> 손닿자 애절히 우는 서러운 내 가얏고여.
>
> 둥기둥 줄이 울면 초가삼간 달이 뜨고
> 흐느껴 목 메이면 꽃잎도 떨리는데
> 푸른 물 흐르는 정에 눈물 비친 흰 옷자락
>
> 통곡도 다 못하여 하늘은 멍들어도
> 피맺힌 열두 줄은 굽이굽이 애정인데
> 청산아 왜 말이 없이 학처럼만 여위느냐

▶ 이 얼마나 멋진 시조인가? 가얏고 소리가 들리고 떠오르는 달이 보인다. 첫수 가얏고는 조국, 열 손가락 마디마디(가야금 즉 조국에 대한 정성과 사랑 표현)는 방방곡곡을 의미할 수 있다. '서러운 내 가얏고여'는 안타까운 조국의 현실에 대한 화자의 서러운 마음을 감정이입법을 사용한 표현이다. 둘째 수 '초가삼간'은 우리 민족의 삶이고 '푸른 물'은 반만년의 유구한 역사를, '흰 옷자락'은 우리 민족을, 셋째 수 '피 맺힌'은 분단의 아픔을, '청산'은 삼천리 강토를, '학처럼 여위다'는 분단된 상태에서 통일을 기다리는 이산의 아픔으로 볼 수 있다. 가야금에 의탁하여 조국애와 분단의 아픔을 시어의 조탁과 음악성, 회화성을 살리면서 한국의 정서인 정한(情恨)을 형상화하고 있다.

2. 형상화 과정

　소재 발굴 ⇒ 수사법 활용 ⇒ 의인화하기 ⇒
　　　　　　　　　　　　　　낯설게 하기 ⇒ 다듬기

대상 찾기 현미경적 관찰 5감의 활용 체험+상상력	빗대어 표현 은유형태 대입 비유와 상징 (개념 바꾸기)

1) 변용의 과정
① 구상(具象)에서 → 구상(具象)으로
　예; 내 침실이 부활의 동굴임을 〈이상화의 나의 침실〉
　　　　　침실 → 동굴
② 추상(抽象)에서 → 구상(具象)으로
　예; 나의 본적은 거대한 계곡이다.〈김종삼의 나의 본적〉
　　　　　본적 → 계곡
③ 추상(抽象)에서 → 추상(抽象)으로
　예; 인생은 하나의 희사(喜捨) 〈김남조의 낙엽이 쌓여라〉
　　　　　인생 → 희사
④ 구상(具象)에서 → 추상(抽象)으로
　예; 광화문은 차라리 한 채의 소슬한 종교〈서정주의 광화문에서〉
　　　　　광화문 → 종교

2) 이미지
① 정신적 이미지; 6감각
　　시각, 청각, 후각, 미각, 촉각, 공감각
② 비유적 이미지; 은유가 이에 속함
　　빛 → 희망, 어둠 → 절망, 칼 → 무력
③ 상징적 이미지; symbol
　　태극기 → 대한민국, 비둘기 → 평화, 거수경례 → 충성심, 상아탑 → 대학교
④ 신선한 이미지; 낯설게 하기
　　새소리가 들리다 → 새소리가 떨어지다

---

①
동짓달 기나긴 밤 한 허리를 버혀내어
춘풍 니블 아래 서리서리 너헛다가
어론님 오신 날 밤이여든 구뷔구뷔 펴리라
　　　　　　　　　　　　　　　　　－황진이－

▶ 위 예문에서 '기나긴 밤 한 허리를 버혀내어'라든지 '춘풍 니블 아래 서리서리 너헛다가' 같은 표현은 화자의 주관적 입장을 의식적으로 표현한 것이다. 이 예문을 보면서 변용이란 새롭게 획득한 주관적 인식이 의도적인 언어 기교를 통해 표현되는 과정임을 알 수 있다. 언어의 기교화는 언어의 새로운 배합이다. 이 새로운 배합에서 변종의 언어가 탄생하게 된다. 이른바 '낯설게 하기'이다

②
손주3/ 이석규

냇물 속 햇살처럼 장난질 여념 없네
몸짓마다 피어나는 꽃송이 꿈 송이들
밤톨로 여무는 소리 내 가슴 울려오네

▶ 부제가 '다섯 살 하윤이'로 되어 있는데, 그 나이 때면 한창 장난이 심할 때이다. 손주가 왜 아니 귀엽겠는가. 장난질하는 몸짓마다 꽃송이가 피어나고 몸짓마다 꿈송이가 피어난다고 하였다. 이 작품은 종장이 압권이다. '밤톨로 여무는 소리 내 가슴에 울려오네'라고 했다. 손주에게서 밤톨로 여무는 소리가 들려온다는 것이다. 야무지고 씩씩하게 잘 자라고 있다는 뜻이다. 청각적 이미지가 돋보이며, '몸짓마다 피어나는 꽃송이', '밤톨로 여무는 소리' 등으로 화자가 형상화한 것은 언어의 배합이라는 변용의 과정을 통해 생성시킨 의미라 할 수 있다.

③
촛불/ 박헌오

옷 한 겹 걸치지 않고 알몸으로 서있는 꽃
누굴 위해 기도하며 애태우는 심지인가
뜨건 몸 눈물 한 방울까지 내어주는 일생이다

▶ 이 작품은 제목에서 보듯 '촛불'에 대해서 쓴 시조로 형상화가 잘된 작품이다. 초장에서 '알몸으로 서있는 꽃'에서

꽃은 보조관념이고 원관념은 여인이다. 중장에서 "누굴 위해 기도하며 애태우는 심지인가"라 했는데, 그 여인을 기도하는 사람이며, 애태우는 존재라고 보았다. 종장에서 언어의 배합은 화자의 주관적 입장을 강하게 표현하고 있는 것이다. 즉, 화자가 형상화한 것을 언어의 배합이라는 변용의 과정을 통해 생성시킨 의미라 할 수 있다.

> ④ 버나재비/ 모상철
>
> 허공을 가른 접시 막대 끝 받아 올려
> 눈길 바쁜 풀무질 가락 따라 돌리면
> 멀리서 오는 메아리 거미줄 비켜 가리.
>
> 나날도 끼니마저 막대 끝 맺혀진 삶
> 떨구지 말 것이란 접시만이 아니라기
> 돌아라 신명을 넘어 나이테야 돌아라.

▶ 이 작품은 설명적 묘사와 암시적 묘사가 조화로운 양상을 띠고 있다. 화자는 버나재비의 접시 돌리는 모습을 실감나게 묘사하고, 그것을 실수하지 않음이 버나재비의 끼니요 생계 수단이라는 점을 은근히 암시해주고 있다. 묘사와 관계되는 감각적 이미지 중에서 가장 두드러진 것은 시각적 이미지이다.

제4강 수사법, 낯설게 하기

1. 수사법의 종류
   - 비유법, 강조법, 변화법

   1) 비유법
   - 말하고자 하는 의미나 사물을 다른 것에 빗대어서 표현하는 수사 기법이며, 비유가 성립되기 위해서는 둘 사이에 납득할 만한 동일성이나 유사성이 있어야 한다.
   - 비유법에는 직유법, 은유법, 의인법, 활유법, 풍유법, 대유법, 의성법, 의태법, 상징법, 우화법, 중의법, 희언법, 냉조법, 풍자법 등이 있다.

   ①
   이런들 엇더하며 저런들 엇더하리
   만수산 드렁츩이 얼거진들 엇더하리
   우리도 이갓치 얼거져 백년까지 누리리라   -이방원-

▶ 이 작품은 고려말 충신인 정몽주를 회유하기 위하여 주연을 베풀고 넌지시 그의 마음을 떠보기 위하여 지은 시조로 전해진다. 초장에서 상대방의 의향을 조심스럽게 헤아려 보고 있으며, 중장에서는 만수산에 칡넝쿨이 얽혀진 것처럼 그렇게(고려와 조선이 어울려) 살면 어떠하겠는가의 의미로 초장을 심화시키고, 종장에서 우리도 이같이 어우러져 오래도록 같이 살아가면 좋겠구나. 라고 정몽주의 의중을 떠보고 있다.
* 만수산 : 개성 서쪽에 있는 산

②
가을 소묘/ 구충회

낙엽 지는 소리는 단조의 메아리다
작별을 잉태한 사랑이기 때문이다
노을이 시들 때마다 사랑이 지고 있다

귀뚜리 우는 소리 잠 못 드는 밤이면
피에타 마리아의 소리 없는 통곡처럼
가을은 눈물 없이도 우는 법을 가르친다

내뱉는 말보다는 생각이 깊은 계절
사색은 충만하고 지성은 깊어간다
가을은 심연 속으로 가라앉는 침묵이다

▶ 은유가 돋보는 시조이다. 또한 이 시조는 가락과 이미지와 의미가 화학적으로 융화한 완결편이다. 낙엽 현상을 단조의 메아리로, 가을을 심연으로, 가라앉는 심연으로 본 은유는 심미적 사유의 깊이를 가늠케 한다. 절명한 아들을 부여안은 절통한 어머니 마리아의 '소리 없는 통곡'은 치열하다. 눈물 없이도 우는 법을 가르친다는 시적인 가성이 놀랍다.

③
그녀/ 원용우

물방울 튕기듯이 튕기는 꼴을 보면
웃음이 절로 난다 장미도 아닌 것이
가시는 돋쳐 가지고 톡톡 쏘는 벌침이다.

▶ 비유(은유)의 기법을 활용한 작품이다. 이 글은 동등한 처지 또는 아랫사람을 대상으로 은근한 비유적 표현을 한 것으로 보이며, 현대 시조의 특징을 잘 살려 형상화한 작품이다. 시어의 선택이 적합하고, 대상에 대한 적절한 비유와 형상화가 뛰어나 독자들로 하여금 단시조의 묘미를 한껏 느끼게 한다. '장미처럼 예쁘지도 않은 것이, 가시는 돋쳐 가지고 톡톡 쏜다고 하니 그 벌침에 얼마나 시달렸으랴.

---

④
노욕/ 정진상

세월이 헐떡이며 칠십 고개 넘어서니
등 굽은 기둥 하나 민둥산 떠받들고
상천을 지나던 태양 서녘 하늘 물들인다.

태엽을 감아 볼까 거꾸로 돌려 볼까
모든 무대 되돌리고 나이테로 풀어내면
동산에 춤추던 태양 다시 품고 싶어라.

▶ 이 작품은 화자가 칠십 고개를 넘기면서 스스로를 돌아보고 세월의 무상함과 다시 젊어지고 싶은 인간적 소망을 그려내고 있다. 첫수 중장에서 '등 굽은 기둥'은 화자의 등허리를, '민둥산'은 벗어진 머리를 빗대어 표현했으리라. 둘째 수 초, 중장에서 "태엽을…풀어내면"은 심신이 늙어 쇠잔해진 스스로를 태엽을 거꾸로 돌려 다시 젊은 무대에 올라서고 싶은 심정을 비유의 기법을 이용해 잘 그려내고 있다. 화자는 순명대로

살아야하는 인간의 숙명을 잘 알고 있기에 제목을 '노욕'이라 표현하면서 하나의 넋두리처럼 읊조리고 있다.

> ⑤
> 장작의 저항/ 노재연
>
> 수직으로 갈라지는 섬유질의 뼈를 보라
> 도끼에 저항하다 무참히 당한 굴욕
> 백년 전 삼일 만세 때 민초들의 혼을 본다

▶ 이 작품은 전반적으로 의인법을 썼다. 장작을 '섬유질의 뼈'로 보고 있다. 중장에서는 "도끼에 저항하다 무참히 당한 굴욕"이라고 했으며, 장작의 저항을 민초들의 저항으로 환치시켰고, 그 저항운동을 1919년 기미3.1운동으로 확장 시켰으며, 그 저항 정신에서 민초들의 혼을 본다고 변용시켰다. 이런 표현법을 환유법이라 한다. 이 시조는 언어의 관념적, 추상적 진술을 시적으로 형상화한 시인의 심미적 기법이 돋보일 뿐만 아니라 관습화된 의미나 개념을 깨뜨리고 시적 상상력의 신기성을 발현한 작품이라 여겨진다.

> ⑥
> 그믐달/ 우수향
>
> 시카고 먼 곳에서 찾아온 예쁜 딸이
> 새벽잠 떠난 창에 살포시 걸터앉아
> 말갛게 웃음 띠우며 종알대다 떠나네,

▶ 초장에서 '예쁜 딸'은 '그믐달'이다. 작가는 왜 시카고에서 찾아왔다고 했을까? 시카고에 살고 있는 딸이 '그립다'는 표현을 이렇게 비유하였다. 지금 딸을 생각하는 모정은 그믐달을 보면서 마치 저 그믐달이 시카고에도 비추겠지 하는 그리움에, 그믐달은 딸이 되고 그 딸이 창을 통해서 엄마와 얘기를 주고받다가 날이 새면서 마치 딸이 떠나는 것 같은 서운하고 안타까운 심정으로 이 글을 쓴 것으로 보인다.

이 작품은 비유가 뛰어난 우수작이다. '딸'이라는 보조관념을 통하여 원관념인 '그믐달'을 말하고 있으며 '살포시 걸터앉아'는 달빛이 창을 통하여 들어오는 모습을, '말간 웃음'은 '달빛이 곱게 비치는 모습을 말하고 있지만, 사실은 딸의 고운 미소를 상상하고 있다.

⑦
달맞이꽃/ 임춘자

둑길에 달맞이꽃 배시시 웃음 물고
몰래한 연애질을 시치미 떼고 있네
서녘엔 줄행랑치는 노오란 쪽달 하나

▶ 달맞이꽃과 쪽달(조각달)을 의인화 하였다. 조각달을 '쪽달'로 표현한 작가의 상상력이 참으로 좋다. 젊은 두 연인이 새벽이 되도록 애틋한 사랑을 나누다가 들켜버린 것처럼 감정표현을 잘 처리하고 있다. 종장 후구 "노오란 쪽달 하나(3,4)는 '노란 쪽달 하나(4,2)'로 해도 좋을 것 같다.

> ⑧
> 오우가
>
> 내 버디 몃치나 하니 수석과 송죽이라
> 동산에 달 오르니 긔 더욱 반갑고야
> 두어라 이 다섯 밧긔 또 더하여 머엇하리
> —윤선도—

▶ 여섯 수로 된 연시조 중에서 '서시편'이다. 현대어로 고쳐 쓰면 "나의 벗이 몇이나 있나 헤아려 보니, 물과 돌과 소나무와 대나무로다. 동산에 달이 떠오르니 그것은 더욱 반가운 일이로구나. 그만 두자, 이 다섯 밖에 또 더하여 무엇 하리오."이다. 이 시조에서 수석, 송죽, 달을 '나의 벗'이라 했으니 마치 생명이 있는 것처럼 의인화 하였다.

2) 강조법

 강조법이란 과장법(눈물이 홍수를 이룬다), 영탄법(감탄형), 반복법(어휘의 반복), 점층법(잠을 자야 꿈을 꾸고, 꿈을 꿔야 임을 본다), 점강법(재물을 잃는 것은 조금 잃는 것이요, 명예를 잃는 것은 반을 잃는 것이요, 건강을 잃는 것은 전부를 잃는 것이다), 그밖에 연쇄법, 돈강법, 대조법, 미화법, 열거법, 억양법, 예증법 등이 있다.

> ①
> 태산이 높다 하되 하늘아래 뫼히로다
> <u>오르고 또 오르면</u> 못 오를 리 업건마는
> 사람이 제 아니 오르고 뫼흘 놉다 하나니
> —양사언—

▶ 중장에서 '오르고 또 오르면'은 동일한 낱말의 반복을 통한 반복법을 쓰고 있다.
(어구풀이) 뫼히로다: 산이로다, 태산: 중국 산동성에 있는 산이나 여기선 높은 산을 일컬음.

---

②
청초 우거진 골에 자는다 누엇는다
홍안을 어듸 두고 백골만 무쳣는이
잔 자바 권하 리 업스니 그를 슬허 하노라
　　　　　　　　　　　　　　　　-임　제-

▶ 중장에서 '홍안'과 '백골'은 대조법을 내세워 인상을 선명히 하고 있다. 초장의 '청초 우거진 골'은 '푸른 풀만 우거진 무덤'의 의미이다. 임제가 평안도사로 부임하는 길에 교분이 있던 황진이의 무덤을 찾아 읊은 시조로 알려지고 있다.
(어구풀이) 골; 골짜기, 청초 우거진 골: 무덤(황진이)을 가리킨다. 자는다; 자느냐, 권하 리; 권할 사람, 슬허; 슬퍼

---

③
목탁/ 김옥중

한평생 맞고 사는 업보를 타고나서
허리가 휘도록 두들겨 맞고 살지만
오늘은 뉘 가슴속을 석등처럼 밝힐까

▶ 영탄법(감탄사나 의문의 형식)을 활용한 작품이다. 목탁은 두드려야 소리를 내고 소리를 내야 예불의 추임새로 환생하는

목탁은 곧 스님이요, 석가모니의 외침이다. 그러하니 허리가 구부러질 때까지 두들겨 맞아야 비로소 입불하여, 부처님 말씀을 생활 도량에 알리는 목탁소리가 되지 아닐는지.

3) 변화법

변화법이란 '도치법, 대구법, 설의법, 인용법, 거례법, 문답법, 반어법, 역설법, 생략법, 현재법, 비약법, 명령법, 돈호법, 경구법 등이 있다.

---

①
석류/ 조 운

투박한 나의 얼굴 두툴한 나의 입술
알알이 붉은 뜻을 내가 어이 이르리까
보소라 임아 보소라, 빠개 젖힌 이 가슴

▶ 이 작품의 시적 화자는 석류이다. 초장은 석류의 외양을 의인화시켜 묘사했고, 중장에서는 붉은 알알의 뜻, 즉 주체할 수 없는 정열을, 그리고 종장에서는 저절로 터진 가슴을 임에게 보이고 싶은 심정을 노래하고 있다. 초장에서 "투박한 나의 얼굴 두툴한 나의 입술"은 관능적 미감을 느끼게 한다. '투박한'은 생김새가 볼품은 없으나 튼튼하다는 것이고 '두툴한'은 거죽이 울룩불룩하여 고르지 않다는 것이다. 중장에서 '알알이 붉은 뜻' 즉 솟아오르는 정열적 정황을 '내가 어이 이르리까' 즉 스스로의 힘과 의지로는 어쩔 수 없는 자

연의 순리임을 토로하고 있다. 종장에서 도치법으로 '님'에게 '빠개 젖힌 가슴'을 보여주지 않으면 안 되는 감정의 절정에 이른다.

---

②
추강에 밤이 드니 물결이 차노매라
낚시 드리우니 고기 아니 무노매라
무심한 달빛만 싣고 빈 배 저어 오노라
-월산대군-

▶ 역설법은 어떤 진리를 이치에 어긋나게 하거나 모순된 말로 표현하는 수사법의 하나이다. 예컨대 유치환의 〈깃발〉에서 '소리 없는 아우성', 김영랑의 〈모란이 피기까지〉에서 '찬란한 슬픔의 봄', '작은 거인', '다 아는 비밀' 등 표현은 반대되는 어휘를 쓰고 있지만 그 의미를 강조하거나 효과를 높이기 위한 수사법이다. 이 시조에서 종장 전구 '무심한 달빛만 싣고 빈 배'는 역설적인 표현이다. 달빛을 실었는데 빈 배라고 말하고 있다.

---

③
금/ 이광녕

벽에 금이 가는 것은 바깥이 그리워서다
깨어진 항아리는 참 자유를 얻었나니
너와 나 금이 간 것도 벽을 허문 몸짓인 걸.

▶ 금이 가는 것은 사람과 사람 사이가 벌어지거나 틀어지는 것

을 말한다. 그런데 생각을 바꾸어보면 금이 갔다는 것은 바깥을 볼 수 있는 소통의 창이 열렸음을 의미하기도 한다. 죄수의 경우 벽에 금이 가면 바깥을 내다볼 수 있어 얼마나 즐거운 일이겠는가. 심미안으로 생각해보면 '금이 간 항아리'도 비로소 해탈하여 '참 자유를 얻은 것이다.' 깨어진 항아리는 누가 간섭도 안하고 일정한 장소에 갇혀있지도 않는다. 그러니 '너와 나 금이 간 것'도 결국은 둘 사이를 가로막고 있는 벽을 허무는 일의 시작이니 좋은 현상이라 본 것이다.
이 글은 역설적 기법의 진실이 빛을 발하고 있다.

④
동창이 밝갓느냐 녹으질이 우지진다
쇼 칠 아해는 여태 아니 닐엇느냐
재 넘어 사래 긴 밧츨 언제 갈려 하나니
　　　　　　　　　　　　　　　-남구만-

▶ 초장에서 혼자 묻고 혼자 답을 하는 문답법을 활용한 시조이다. 농본국인 이조사회에서 농군의 리얼한 생활상과 생활 감정이 표현된 작품으로 목동의 늦잠과 그것을 넌지시 일깨워 주는 주인 영감의 덕성이 묻어나는 작품이다.
(어구풀이)동창; 동쪽 창문, 녹으질이; 노고지리(종달새), 쇼 칠; 소를 먹일, 닐엇느냐; 일어났느냐, 밧츨; 밭을

2. 낯설게 하기

낯설게 하기란 이미 우리가 알고 있는 사물이나 관념의 친숙함

을 벗어나 새롭게 표현함으로써 독자에게 신선한 느낌을 주도록 하는 방법으로 영구적인 것은 아니다.

예를 들면 '같은 값이면 다홍치마'나 '칠흑의 밤'과 같은 말들은 이미 기호화되어 신선함을 유지하지 않는 표현들로 일상적 언어가 된 지 오래이다. 다음의 예를 살펴보자.

➢ 새소리가 들리다 → 새소리가 떨어지다.
➢ 낮 열두시 → 뻐꾸기가 열두 시를 읽는다.
➢ 돌멩이가 굴러 간다 → 돌멩이가 땅을 친다.
➢ 애비는 종이었다 → 흙수저(서정주의 자화상)
➢ 손톱이 까만 에미의 아들 → 가난한 출생을 비유(서정주의 자화상)

러시아의 형식주의 문학운동 주창자 슈클로프스키는 문학이 문학다운 것 즉 문학의 본질을 드러내 주는 것이 '낯설게 하기'라고 보았다. 낯설게 하기 위해서는;

  첫째 순수하게 자신의 경험으로부터 찾아낼 것
  둘째 비일상적 시각으로 바라볼 것
  셋째 현미경적 시각으로 관찰할 것
  넷째 인습적 인과 관계를 벗어나 역전적인 발견을 할 것
  다섯째 낯선 대상과 병치함으로써 낯선 인상을 줄 것 등을 주문하고 있다.

①
시간의 조각/ 진길자

시간의 자투리를 예쁘게 재단해서
모자란 삶의 길이 잇고 또 잇다 보면
살뜰한 조각 이불이 열 자쯤은 될 거야.

▶ 요즘은 소위 메타(meta-)라는 말이 유행하면서 시조에도 메타시조라는 신생어가 탄생했다. 이 작품이 바로 메타시조라 생각 된다. 시간은 감각으로 헤아릴 수 있는 것이 아니다. 그냥 관념으로만 있는 추상적 언어이다. 시간을 무슨 재주로 재단할 것이며, 잇고 이어서 살뜰한 조각 이불을 지을 수 있겠는가. 이러한 발상은 〈낯설게 하기〉의 대표적인 언어의 조합이다. 시간이라는 추상적 언어를 구상적인 언어인 천으로 은유, 치환하여 감각적으로 잘 형상화하고 있다. 황진이의 "동짓달 기나긴 밤 한 허리를 베어내어"에 버금가는 걸작이라 하겠다.

②
옷이 자랐다/ 최순향

구순의 오라버니 옷이 자꾸 자랐다
기장도 길어지고 품도 점점 헐렁하고
마침내 옷 속에 숨으셨다. 살구꽃이 곱던 날에

▶ 사실은 옷이 자라는 게 아니고 늙어가면서 체구가 줄어드는 현상을 역설적 으로 표현하였다. 수사법 중에서 역설법으로

표현한 것이다. 초장에 "옷이 자 꾸 자랐다", 종장에 "옷 속에 숨으셨다"는 체구가 줄어들었음을 시각적 이미지 로 그려내고 있다. 우리에게 주는 메시지는 무엇일까? 우리는 누구나 노년 과정에서 옷 속에 숨는 슬픔을 맛보아야 할 운명이다.

문장 구성을 보면 초장에서 시의를 끌어내고, 중장에서 옷이 자라난 이유를 보충 설명하고, 종장에서 "옷 속에 숨는다"라고 결론을 내고 있다.

낯설게 하기를 잘 구상한 작품이며, 전구와 후구를 도치법을 사용하여 강조하고 있다.

---

③
선운사 동백꽃은/ 구충회

도솔천 단풍쯤은 환락가의 웃음거리
구름 속 천년 세월 두 무릎 꿇어야만
하얀 눈 서방정토에 내려 주신 핏방울!

▶ 선운사 앞을 흐르는 도솔천의 단풍과 동백꽃을 비교 대조한다. 전자는 그 자체로 절경이지만 후자와 비교한다면 '환락가의 웃음거리'에 불과하단다. 선운사 동백꽃은 그냥 동백꽃이 아니다. 구름 속 깊은 정토(淨土)에서 적어도 천년(선운사의 역사)은 무릎을 꿇고 기도를 한 연후에야 비로소 눈처럼 순결한 땅에 하늘이 '내려주신 생명의 핏방울'이란다. 가히 '낯설게 하기'의 전범(典範)이 아닐 수 없다. 그야말로 눈부신 이미지 창출인 것이다.

④
19금/ 김영주

목욕탕 집 멀쩡하던 담벼락이 술렁인다
어젯밤 달빛 아래 무슨 수작 있었는지
목련꽃 펑펑 터트리며 '우리 너무 화끈했나?'

▶ 추운 겨울을 이겨낸 목련은 그 색이 하얀색으로 성인이 될 때까지 어렵게 성장한 신부가 드디어 결혼으로 그 고귀한 꽃을 피운다는 의미를 담고 있으며, 초장과 중장은 초야의 19금 상황을 잘 표현하고 있다.

초, 중, 종장 연결이 자연스럽고 종장 후구가 그야말로 화끈하다. 제목과도 잘 어울린다.

제5강 메시지 만들기

문학에서 메시지란 그 작품에 담겨 있는 의도나 사상을 말하며, 그 작품은 곧 작가의 사상과 철학을 대변하는 것이다. 고시조에서 이방원의 '하여가'와 정몽주의 '단심가'가 대표적인 예이다. '하여가'는 자연현상을 통해 상대의 의중을 떠보는 메시지를 보내고 있으며, '단심가'는 '백골, 진토, 일편단심'과 같은 비유를 통하여 메시지를 전하고 있다. 시에서 이러한 메시지는 행간에 숨겨져 있다. 따라서 행간을 읽는다는 것은 곧 비유를 통하여 숨겨놓은 메시지를 찾아내는 것을 의미한다.

①
검으면 희다하고 희면 검다 하네
검거나 희거나 옳다하리 전혀 없다
차라로 귀 막고 눈 감아 듣도 보도 말리라
　　　　　　　　　　　　　－김수장(해동가요 주씨본)

▶ 이 시조는 경종 때의 신임사화라 불리는 노론과 소론의 당쟁을 개탄해 지은 시조이다. 이 시조 속에서 어지러운 사회상과 정치 현실을 읽을 수 있다. 초장과 중장은 당파의 입장에 따라 무조건 반대의 논리를 펴는 당시의 상황을 개탄하고 있다.
(어구풀이) 전혜; 전혀, 차라로; 차라리

②
구름이 무심탄 말이 아마도 허랑하다
중천에 떠 이셔 임의로 다니면서
구태여 광명한 날빗츨 따라가며 덮느니
―이존오(청구영언 홍씨본)

▶ 이 시조는 공민왕 때 간승 신돈을 탄핵하다 좌천되어 은둔 생활을 한 이존오의 시이다. 초장 '구름'은 소인이나 간신을 일컫는 말로 여기에서는 신돈을 말한다. '구름', '날빗(햇빛, 여기선 임금의 총명) 등의 반어적 표현으로 시조의 이미지를 형성하여 시국과 나라를 염려하는 충신으로서 고뇌의 단면이 엿보인다.

③
상황/ 김광수

황소 머물다가 배설하고 떠나간 자리
쇠똥구리 말똥구리가 좌우로 편을 갈라
한덩이 분구를 두고 서로 엉겨 물고 뜯는다.

▶ 이 작품은 황소 배설물을 먹이로 삼는 시골 들판 쇠똥구리를 연상하기도 하겠지만 그보다는 어떤 정치적 상황이 머릿속에 떠오른다. 중장에서 '좌우로 편을 갈라'와 종장에서 '서로 엉겨 물고 뜯는다'로 미루어 한 시대의 정치상황을 꼬집고 있음을 알 수 있다. 국민을 외면한 당리당략의 정치 현실을 비판하고 있는 메시지가 담겨 있는 작품이다. 이른바 참여문학이다.

④
냇가에 해오라바 무슨 일 셔 잇난다
무심한 져 고기를 여어 무슴 하려난다
아마도 한 물에 잇거니 니저신들 엇더리
—신 흠—

▶ 이 작품은 조선의 제16대 인조(1595~1649) 당시 고질적인 당쟁의 폐해로 어지러운 사회상을 고발하는 메시지가 담겨 있는 시조이다. 화자는 계축옥사(癸丑獄事)에 연루되어 유배되었던 인물로 당시의 대북파와 소북파 간의 당쟁을 당쟁이란 직설적 표현 대신에 백로와 물고기의 관계로 병칭하여 이미지의 대조를 보이면서, 당시의 악폐인 당쟁을 꾸짖고 서로 간의 반목질시를 나무라는 메시지를 담아내고 있다.

(어구풀이) 해오라바 → 해오랍아(백로야), 셔 잇난다 → 서 있느냐, 여어 → 엿보아, 무슴 → 무엇, 하려난다 → 하려느냐, 한 물 → 같은 물, 니저신들 → 잊어버린들

⑤
이 몸이 주거 가서 무어시 될꼬 하니
봉래산 제일봉에 낙락장송 되야이셔
백설이 만건곤할 제 독야청청 하리라
—성삼문—

▶ 성삼문이 의(義)를 어기고 욕되게 사느니 죽음을 택하여 소나무로서 절개를 지켜 세상과 역사를 비추는 한 몸이 되겠다는 결의가 담긴 시조이다. 흰 눈 위에 푸른 소나무의 색조 대비

는 하나의 절경이라 아니할 수 없다. 성삼문은 단종의 복위를 꾀하다 실패하여 죽임을 당할 때 부른 시조라 전해진다. 곧은 절개를 중의적으로 표현한 작품이다.

⑥
종묘공원 삼각주/ 이순권

도심 하구 떠밀려 온 장삼이사 모래알
누엿한 해 등지고 스크럼을 짜고 있다,
발치엔 무저갱 바다 아가리 쩍 벌리고

▶ 이 작품은 퇴직자의 삶을 그려내고 있다. 젊은 시절 한 때는 내노라하는 능력과 혈기로 직장에서 패기 있고 당당하게 살았지만 지금은 할 일 없어 종묘공원에서 소일하는 삶을 형상화 하여 '장삼이사', '모래알', '누엿한 해', '스크럼', '무저갱' 등으로 비유하고 있다. 무저갱은 악마가 벌 받아 한 번 떨어지면 영원히 나오지 못하는 구렁텅이를 뜻하며 여기에선 퇴직자에게 일자리를 제공하지 못하는 사회구조가 곧 무저갱이다. 사회구조의 모순을 고발하고 있는 작품이다.

제6강 연시조의 이해(독립성, 완결성, 연관성)

협회에서 발표한 〈형식 통일안〉에 보면 "연시조의 형태는 두 수 이상의 단시조 형태가 모여서 이루어진 것이므로 그 각각을 수라 칭하고, 연시조 전체는 편으로 불러서 수와 구분한다."라고 되어 있다. 이를 중심으로 살펴본다.

1. 독립성

연시조에서 말하는 독립성이란 각 수마다 단시조 한편처럼 완전한 형태를 유지하고 있어야 한다는 말이다. 그러므로 각 수는 단시조에서 요구하는 장의 독립성, 연결성, 완결성을 유지해야 한다. 즉 단시조의 정체성을 벗어나면 안 된다는 의미이다.

---

①
겨울 자작나무/***

몸 밖에 바람 치며 몸 안에 새겨온 꿈
말갛게 퍼져가는 한 줌의 눈물 되어
둥글게 나이테 하나 몸 속 깊이 새기며

어쩌다 너의 무리 대관령 능선에서
푸르게 뿌리내려 바람에 빗장 걸고
하얗게 흔들리면서 세상 안부 묻는가.

▶ 위 예문을 보면 첫수 후구가 '-새기며'로 되어 있다 완결을 짓지 못하고 다음 수로 연결되고 있다. 연시조의 독립성에서

벗어난 작품이 된다.
그러므로 이런 형태의 연시조는 수와 수가 비독립적이므로 시조가 아니라 자유시로 분류되어야 한다.

---

②
스펨메일/***

눈발처럼 떠다니는 많고 많은 인파 속에
어쩌면 한낱 눈먼 스펨메일 같은 존재
무참히 구겨진 채로 휴지통에 던져질

눈길 한 번 받지 못한 외로 선 골방에서
팽개쳐져 들어앉아 변명조차 잊었어도
엉켜진 오해의 시간 슬슬 풀날 기다리는

▶ 이 좋은 작품을 연시조 정체성이 상실된 마감을 하여 매우 아쉽다. 이 역시 자유시로 분류되어야 한다.

2. 제목과 각 수의 연관성

연시조는 각 수마다 제목과 반드시 연관성을 유지하고 있어야 한다. 즉, 각 수를 한 편씩 떼어 놓아도 전혀 흠결이 없이 단시조의 정체성을 유지해야 한다.

①
허수아비 수상/김광수

비단 옷 입었어도 본바탕은 짚검불이
무시로 일렁이는 시류 타고 우쭐댄다.
잡새만 배를 채우고 떠나버린 들판에서.

서풍에 저린 벙거지 보란 듯이 비껴쓰고
넘치는 금물결로 온 몸을 씻는다 해도
신의 뜻 거스를 수 없는 너는 천생 허상인거.

뉘우침 부질없는 황량한 들녘에서
발자국 되짚으며 아쉬움에 목메어도
뜸부긴 울지 않는다, 구절초 핀 계절을.

▶ 첫수를 보면 종장 후구가 '들판에서'처럼 끝나고 있으나 이는 도치법 문장이기 때문이다. 즉 중장과 도치된 것이다. 이 문장을 다시 써보면 다음과 같다.

비단 옷 입었어도 본바탕은 짚검불이
잡새만 배를 채우고 떠나버린 들판에서
무시로 일렁이는 시류 타고 우쭐댄다.

종장에 가서 형식을 벗어나는 형태가 되기 때문에 부득이 문장을 도치하여 음수와 소절 수를 형식에 맞게 배열하였다. 이런 도치법 문장은 강조의 의미를 더하게 된다.

셋째 수는 종장 '뜸부긴 울지 않는다, 구절초 핀 계절을. 3.5.4.3'은 전구 후구가 도치법 문장으로 되어 있다. 즉 '구절초 핀 계절을 뜸부긴 울지 않는다.' 정상적인 어순이나 이렇게 마감을 하면 음수가 4.3.3.5가 되어 형식을 벗어나기 때문에 전구 후구를 바꾸어 형식을 벗어나지 않으면서 더욱 강조하는 문장으로 만들고 있다.

한편 각 수는 제목과 그 상(象)이 하나이다. 어떤 수를 붙이던 간에 제목과 어울린다. 이것이 제목과의 연관성이다.

---

②
구름/***

하늘하늘 춤추던 아지랑이 숨어버리고
장엄한 청산만이 고고히 서 있구나
호수는 청람 빛 하늘 품어 안고 조는데.

파란 물 떨어질까 숨죽인 맑은 넋이
고즈넉이 아미 들어 우러러 본 천상에
구름이 활갯짓 훨훨 화엄경을 만든다.

▶ 주제가 '구름'인 두 수로 된 연시조이다. 첫 수를 보면 주제와 아무런 연관성이 보이지 않는다. 첫 수는 주제가 셋인 샘이다. '아지랑이', '청산', '호수'가 모두 주제이다. 둘째 수에서는 종장에 '구름'이라는 주제를 내세워 본문의 내용이 구름과 연관된 작품임을 보여준다.

③
여름 사냥/ 노재연

여름은 해방이다 무채색의 자유다
하늘을 가로질러 지평을 치닫다가
시수평 끝을 가른다, 푸른 파도 위에서

여름은 꽃가마 탄 스스러운 누나다
불안한 속내와 설레는 가슴으로
진홍색 사보텐 꽃과 격하게 포옹한다

여름은 야생마다 황무지를 질주한다
들과 산 바다를 종횡 무진 달린다.
한나절 태양에 그을린 청동색 근육으로

▶ 이 시조는 세 수가 모두 초장은 은유로 되어 있다. 첫 수 초장은 은유가 두 번씩이나 겹친다. 그리고 이어 장마다 활유로 이어 진다. 셋째 수 종장에서 다시 은유, 활유로 비유의 페스티벌이다. 보조관념 하나하나가 언뜻 보면 원관념과 관계가 없는 곳에 존재하는 개념들이다. 그런데도 매우 자연스럽고 편안하다.
 '해방이다, 무채색 자유다'만 봐도 그 의미를 곱씹을 때마다 새로운 의미를 분비해 낸다. 일부러 의미를 모호하게 하는 다치적(polyvalent) 이미지 창출이다. 각 수마다 제목과 연관성을 유지하고 있으며, 각 수를 한 편씩 떼어 놓아도 전혀 흠결이 없이 단시조의 정체성을 유지하고 있다.

제7강 분리할 수 없는 말

 시조 창작 시 음절수에만 집착할 것이 아니라 함께 쓰이는 말까지 염두에 두어야 한다. 어느 말 하나만 가지고는 의미가 생기지 않기 때문이며, 이런 말을 무심코 사용하게 되면 소절 수나 구의 모습이 달라져서 형식을 벗어나는 경우가 대부분이다.

1. 통사적 합성어(우리말의 일반적인 단어 배열법과 일치하는 합성어)
    ① 명사+명사, 관형사+명사: 돌다리, 첫사랑
    ② 용언의 어간+관형사형 어미(-(으)ㄴ, -(으)ㄹ, -는, -던) + 명사: 작은형(작-+ -은+ 형), 큰집(크-+ -ㄴ+ 집), 마실거리(마시-+ -ㄹ+ 거리)
    ③ 용언의 어간+어미(-아/-어)+용언의 어간 : 돌아가다(돌-+-아+가-+-다)

2. 비통사적 합성어(우리말의 일반적인 단어 배열을 따르지 않는 합성어)
    ① 용언의 어간 + 명사: 덮밥(덮- + 밥), 먹거리(먹- + 거리)
    ② 용언의 어간 + 용언의 어간 : 굶주리다(굶-+ 주리다), 여닫다(열-+ 닫다)
    ③ 부사 +명사 : 부슬비(부슬+ 비), 헐떡고개(헐떡+ 고개)

3. 합성동사

'으르렁거리다, 어리둥절하다' '눈여겨보다' 같은 말
예; '어리둥절/하는 나를/멀끔히/ 바라보더니(4.4.3.5)
→ 어리둥절하는/나를/멀끔히/ 바라보더니(6.2.3.5)

4. 문맥상 붙어 다니는 말

예; 마당 한/가운데 앉아 → 마당/한 가운데 앉아. 마음뿐/ 아닌 발길마다 → 마음뿐 아닌/ 발길마다, 감당도/ 못할 무게를 → 감당도 못할/ 무게를. 남 생각/ 할 겨를도 없이 → 남 생각 할/ 겨를도 없이. 천원도/없는 사람이 → 천원도 없는/ 사람이. 봄 나비/ 같이 날아가는 → 봄 나비 같이/ 날아가는

---

①
명자꽃이 전하는 말/ ***

명자꽃 선홍 잎을 눈여겨 보았느냐
검붉은 설움들이 목줄 핀 아우성을
꽃대궁 맑은 눈망울 닫혀 우는 속마음을.

▶ 초장 후구에서 '눈여겨 보았느냐'는 '눈여겨보다'라는 한 어절이므로 분리해서 쓸 수 없다. 초장은 소절 하나가 부족한 샘이다. '눈여겨보다'의 목적어는 초장 '선홍 잎을', 중장 '아우성을', 종장 '속마음을'이므로 중장만 둘이 있고 종장은 없는 것과 같다. 어디서부터인지, 언제부터인지 등도 분리할 수 없다.

②
버들강아지/ ***

거들떠 보는 이 없어도 옷고름 풀어 헤쳐
속마음 희죽희죽 웃어 뵈는 콧노래에
개여울 머물다 가는 봄은 하루 천리길

▶ 초장에서 '거들떠 보는'은 '거들떠보다'의 한 낱말이므로 분리할 수 없다. 따라서 '6,3,3,4'가 되어 음수가 안 맞는다. '옷고름 풀어 헤쳐'는 '옷고름 풀어헤쳐'다.

③
그날의 영정(둘째 수)/ ***

네가 불러 들였구나, 질색하는 흰 국화를
어리둥절 하는 나를 멀끔히 바라보더니
건너편 줄선 꽃들과는 뭘 좀 아는 눈치다.

▶ 초장 '네가 불러 들였구나'는 '네가 불러들였구나'(2,6)이다. 중장 '어리둥절 하는'은 '어리둥절하다'는 한 낱말이므로 분리해서 쓸 수 없다.

④
겨울 산행/***

깨질라! 이 아찔한 높이에서 보는 세상
내 잘못 살았다기로 삭풍보다 더 매우랴
까짓것 사나이 한평생 다시 걷는 등성이

▶ 중장에서 '내 <u>잘못 살았다기로</u>' (3,5)는 '내 잘못 살았다기로' (1,7)이다. '못살다'는 한 낱말로 '잘'은 '못살다'를 수식하는 부사이다. ~기로'는 까닭이나 조건을 나타내는 연결어미이므로 '내 잘못 살았다 기로' (1,7)로 표기해야 한다. 종장에서 '한평생 다시 걷는 등성이'는 의미상 어색한 표현이다. 어떻게 한평생을 다시 걸을 수가 있겠는가.

제8강 시조의 특징

1. 간결성

간결성이라 함은 문장에 군더더기를 없애야 한다는 말이다. 불필요한 조사의 생략과 시어의 선택 역시 일사일언(一事一言)을 찾아 써야 한다.

또 시어의 반복 사용, 서술문 형태의 글, 설명문, 지나친 형용사(관형어)를 겹쳐 사용하는 것은 피해야 한다.

예문;

> ①
> 분홍비/***
>
> 벗이요 그대는요 비오는 날에만은
> 분홍옷 분홍우산 분홍옷 분홍구두
> 분홍옷 분홍구두 두두리는가 분홍비

▶ 같은 시어가 너무 반복되어 긴장감이 떨어지고 화자의 결의는 물론 간결성이 없게 된다. 시조는 절제의 미학이라는 점에서 재고해야 한다.

②
축제의 끝/최은희

북새통에 숨이 막힐 이태원 골목길에
할로윈 악령들이 희희낙락 신난 저녁
새하얀 국화 송이가 길거리에 쌓인다.

▶ 이 작품은 지난 번 할로윈 축제의 밤에 이태원에서 벌어진 사고 현장을 잘 나타내고 있다. 특히 종장에서 '새하얀 국화 송이가 길거리에 쌓인다.'는 표현은 매우 상징적이다. 흰 국화는 죽음을 애도하는 상징적 의미가 있기 때문이다.

③
울 엄마/ 채현병

생전에 울 엄마는 갯골의 유채화다
메마른 살림살이 손아귀에 감아쥐고
빠드득 빠득빠드득 기름 짜듯 하셨다.

▶ 이 시조는 어머니 생활 지혜와 절약 정신을 함축적으로 간결하게 잘 묘사해 내었다. 생전의 어머니를 '갯골의 유채화'라 표현했는데, 들락날락하는 갯골 즉 짠물을 닮은 성정으로 남은 재물이나 양식을 기름 짜내듯 지독히 아껴 쓰는 절약형 어머니를 비유한 것이다. 의태어를 동원한 어머니의 근검절약하는 모습을 인상 깊게 잘 묘사해낸 작품이다.

2. 함축성

함축성이라 함은 작품 속에 많은 뜻을 집약하여야 함을 말한다. 이 함축성은 상징과 비유를 통하여 만들게 된다.

---

①
월드컵 열기/***

나라를 위하는 맘 너도 나도 한 마음이라
한 핏줄 열풍 퍼져 모든 오신 모인 사람들
천지가 흥분 속에서 어려움을 이겨냈다.

▶ 이 작품은 전체적으로 함축성이 떨어지는 작품이다. 초장도 '맘'이라는 시어가 중복되고 있으며 특히 중장에 '모든' '오신' '모인' 등 관형어가 겹쳐 나와서 더욱 함축성이 떨어진다. 관형어의 사용은 가장 적합한 하나만 선택하여야 더욱 함축적이게 된다.

중장 후구 '사람들'과 종장 '천지' 둘 중 어느 것이 진짜 주어인지 분명하지 않다.

---

②
물난리를 보며/ ***

하느님 어이 이리 물로 말씀하십니까?
곳곳이 둥둥 뜨고, 핏줄 잃고 일터 잃어
그 물이 미워졌지만 그 물을 먹고 또 사네요.

▶ 시조는 주장이나 정보를 전달하거나 설명하는 언어적 표현이 아니다. 이와 같은 산문적 진술을 3장 6구 12소절이라는 시조의 외형적 형식을 갖추었다고 해서 시조라고 볼 수 없다. 시조가 되기 위해서는 비유와 상징에 의한 최소한의 언어적 형상화가 필요하며, 압축과 초월이라는 미학적 집착을 견고하게 유지해야 한다. 즉, 짧은 문장으로도 많은 말을 할 수 있는 것이 시조이다. 시조는 더 버릴 것이 없을 정도로 시어의 절제와 압축과 간결을 요구하는 언어미학이다. 버린 부분은 독자가 행간에서 읽어내도록 여백으로 남겨두어야 한다.
이 시조는 진술이 너무 사실적이어서 산문체 같은 속살이 훤히 드러나고 있어 함축성을 찾아볼 수 없으며, 시적 맛과 멋을 느낄 수도 없다. 종장 후구 '그 물을 먹고 또 사네요'는 '또 그 물을 먹고 사네요'라고 해야 어순이 맞으며, 자연스럽게 역진법이 된다.

3. 상징성

상징성이라 함은 추상적 생각이나 느낌 따위를 대표성을 띤 기호나 구체적 사물로 나타내는 것을 말한다. 예를 들면 충성이라는 추상적 의미를 구체적인 말로 허면 '거수경례'가 된다. 이처럼 대표성을 띤 기호를 매개로 하며 다른 의미를 부여하는 역할을 하게 만든다.

①
엊그제 버힌 솔이 낙락장송 아니던가
적은 덧 두던들 동량재 되러르니
어즈버 명당이 기울면 어느 남긔 버티리
          -김인후-

▶ 이 작품은 나라의 동량 즉 인재를 사사로운 감정에 의해 꺾어 버려서는 안 된다는 상징성이 나타난 작품이다.

②
신발 수선공/진길자

비좁은 수선실에 비스듬히 기대앉아
험한 세상 살아가다 삐뚤어진 삶을 보며
속울음 깊이 배어 든 한 생애를 매만진다.

솔기 터진 살점들을 정성껏 어루만져
흉터 하나 남지 않게 감쪽같이 깁는 손이
다 해진 무릎 위에서 훈장처럼 빛난다.

▶ 위 작품은 연시조이지만 상징성이 돋보이며 연시조의 여러 조건들을 충족시켜주고 있다. 첫수 중장은 우리의 비뚤어진 삶을 반영하고 있으며 종장은 상상력을 동원해 수선공의 아픈 심정을 잘 대변하고 있다. 문장의 연결성뿐 아니라 화자가 독자에게 전하는 메시지도 잘 나타나 있다.

둘째 수는 단순히 수선공의 손재주를 말하는 것이 아니라 사회 각계각층에서 제 역할에 최선을 다하는 힘없는 약자의 공로를 말하고자 지은 것이다. 잡초처럼 무명으로 살아가지만 정작 역사를 빛내고 사회를 아름답게 꾸미는 사람은 하층의 무력한 계급들이다. 이 작품은 특히 연결성이 뛰어나다. 초장과 중장 종장의 후구만을 잘라 읽어도 문장이 어색하지 않고 물 흐르듯 부드럽다.

결론적으로 시조는 이 같은 비유나 상징을 통하여 우아미, 비장미, 골계미, 숭고미, 긴장미, 균제미, 완결미 등을 만들게 된다. 각 종 수사법을 참고하면 좋으리라 생각 된다.

제9강 연문 피하기

시조를 쓰면서 조심해야 할 것은 연문(衍文)이다. 연문은 군더더기 글, 필요 없는 설명조의 글을 말한다. 시조는 함축과 여백의 미학이기도 하다. 시조는 더 버릴 것이 없을 정도로 시어의 절제와 압축과 간결을 요구하는 언어미학이다. 버린 부분은 독자가 행간에서 읽어내도록 여백으로 남겨두어야 한다.

1. 불필요한 조사 등 생략

> 벚꽃/ ***
>
> 간곡한 만류 뒤로 하고 훌쩍 떠난 백년 길벗
> 져도 더러는 울컥하던가 걸음 잠시 여기 멈추고
> 북받쳐 흐드러지거니 흐느끼며 흩날리거니

▶ 초장 "간곡한 만류/ 뒤로 하고//훌쩍 떠난/ 백년 길벗"에서 휴지를 '만류' 다음에 두면 첫 소절이 5음절이 되고, '하고'라는 조사를 생략하면 "간곡한/ 만류 뒤로//훌쩍 떠난/ 백년 길벗"처럼 3,4,4,4조가 된다. 표현이 더 간결하고 시적이 된다. 시조에서 반드시 피해야 할 말이 '~하고' 같은 표현이다.
중장 "져도/ 더러는/ 울컥하던가// 걸음 잠시/ 여기/ 멈추고"에서 한 음보가 초과된다. '져도'는 길벗을 나타내므로 생략해도 무방하다. 후구에서 '여기'도 불필요하기는 마찬가지이다. 따라서 "더러는/ 울컥하던가// 걸음 잠시/ 멈추고"로 해도 의미상 문제가 없으며 음수, 운율 모두를 만족시킬 수 있다.

2. '~보다 더~' 비교 구문에서 불필요한 '더~' 생략

> 시간의 톱질(둘째 수 중 첫째 수)
>
> 딸보다 /더 /예쁜 엄마 //딸보다 /더 /조신한 엄마　　(3,5,3,6)
> 아름다운 /그 이름으로 //그렇게 /계실 줄 /알았습니다. (4,5,3,3,5)
> 안개는 /소리 없이 덮쳐와 /한치 앞도 /안 보입니다.　 (3,7,4,5)

▶ 총 음수가 56자나 된다. 따라서 정형의 틀을 크게 벗어나고 있다. 초장에서 '~보다'라는 비교를 나타내는 부사어가 있기 때문에 '더'는 불필요한 부사어이다. 중장에서 강조하기 위해서 사용한 '그', '그렇게'도 생략한다면 호흡 단위를 줄일 수 있다. 굳이 '그렇게'를 쓰고자 한다면 구체적인 말로 표현해야 할 것이다. 초, 중장이 종장과 연결성이 없어 보인다. 또한 시조에서 '~습니다'와 같은 경어는 가급적 사용치 않는 것이 좋다. 서간체나 대화체가 되기 쉬워 시적인 맛이 반감되기 때문이다.

3. 중복되는 말 생략

> 민들레/ ***
>
> 보도블럭 사이 /깊은 잠에서 깨어난 민들레　　(4,2,5,6)
> 한 뼘도 안 되는 /아주 작은 집 짓고　　　　　(3,3,5,2)
> 어쩌면! 그렇게 활짝 /웃어줄 수 있니?　　　　(3,5,4,2)

▶ 초장 전구는 음수가 모자라고 후구는 넘친다. 제목을 유추해서 민들레 이야기임을 알 수 있음으로 초장 후구에서 '민들

레'는 굳이 쓰지 않아도 되고 '깨어난'을 '깨어나'로 고쳐 쓰면 3소절로 구성된 후구의 문제도 해결 된다.
'한 뼘', '아주', '작은' 등은 모두 같거나 비슷한 어휘로 관형어가 너무 많다. 또 '어쩌면!'에서 감탄 부호는 마침을 나타내어 문장이 끝남을 의미하기 때문에 종장 구성이 되지 않는 결과를 초래하게 된다. 쉼표를 사용하는 것이 맞다.

4. 함축의 미를 잘 드러낸 작품

계사년의 봄/ 김흥열

수위가 높아지는 한반도 기상이변
머무는 저기압은 물러날 기미 없이
먹구름 잔뜩 몰고 와 천둥치며 울러댄다.

실성한 날씨 탓에 움츠러든 꽃봉오리
하늘만 바라보며 바람 자길 기다린다.
언제쯤 벗어나려나, 이 험악한 기압골을.

벌레들도 숨을 죽인 암울한 송악산에
피다 만 봄꽃들은 사색이 깊어진다.
오는 봄 되돌리려나, 심상찮은 이 기류는.

전례 없는 한랭전선 변덕스런 짓거리만
불 밝힌 관측소의 레이더에 걸려든다.
날뛰다, 제풀에 꺾일 철모르는 꽃샘추위.

▶ 이 시조는 북한 당국의 개성공단 폐쇄로 고조되었던 당시의

위기상황을 상징적 시각으로 바라본 작품이다.

첫째 수에서는 남북관계가 악화된 분위기를 "수위가 높아지는 한반도 기상이변"으로 비유하고, 위기의 사태가 예측할 수 없이 지속되고 있음을 "저기압은 물러날 기미 없이"로 비유하고, 폭언과 고강도 위협이 가해지던 상황을 "먹구름 잔뜩 몰고 와 천둥치며 울러댄다."고 상징적으로 표현하고 있다.

둘째 수는 이러한 사태가 빚어진 당초의 빌미는 날씨가 실성해서 활짝 피어야할 평화의 꽃봉오리도 움츠러든 채 "하늘만 바라보며 바람 자길 기다린다."고 내심 화해와 협력으로 정상화되기를 바라는 뜻이 함의되어 있다.

셋째 수에서는 악화된 남북관계로 인한 사태의 심각성을 읊조리고 있다. 생계수단을 잃고 실의의 나날을 보내고 있을 북한 근로자들을 꽃으로 환치해서 "피다 만 봄꽃들"로 이미지화하고, 그 꽃들이 견디다 못해 "사색이 깊어진다."고 연민의 정을 표출하고 있으며, 종장에서 깊은 우려와 기대감을 한숨에 싣고 있다.

넷째 수에서는 무모하기 짝이 없는 유화책과 협박이 날로 심하게 반복되고 있다고 단정하고, 저들의 속내를 훤히 꿰뚫고 있다는 사실을 밝히고 있다.

5. 묘사와 비유가 참신한 작품

> 대금 소리 들으며 /이석규
>
> 다소곳이 고개 숙인 버들잎 고운 아미
> 취구에 살짝 닿은 석류입술 더운 숨결
> 이 땅에 물길을 열던 그 소리로 흘러라
>
> 저고리 소매 따라 치마폭을 감돌다가
> 버선코 차고 올라 풍경 함께 춤을 추며
> 처마 끝 곡선을 흐르는 천상의 선율이여
>
> 청사青史를 가르면서 천년을 우린 물빛
> 벽옥색 바닷물로 출렁이는 꿈을 싣고
> 겨레의 혼불이 되어 하늘까지 사무친다

▶ 이 작품은 대금 부는 여인의 모습까지 형용하고 있다. 첫째 수 초장에서 "다소곳이 고개 숙인 버들잎 고운 아미"라고 형용하고 있다. 중장에선 석류처럼 빨간 입술, 호흡할 때 더운 숨결도 아름답다는 것이다. 종장이 압권이다. 이 땅에 물길을 열던 태초의 소리로 흐르라고 하고 있다.

둘째 수 초,중장에서는 대금만 부는 것이 아니라 춤추는 장면을 묘사하고 있으며, 종장에서 대금소리를 '처마 끝 곡선을 흐르는 천상의 선율'이라고 표현하고 있다.

셋째 수의 내용도 상상을 초월한다. 중장에서 "벽옥색 바닷물로 출렁이는 꿈을 싣고"라고 했는데 필설로 다 그려내기 힘든 장면을 표현하고 있다. 종장에서 "겨레의 혼불이 되어 하늘까지 사무친다"고 했다. 대금소리를 너무 극찬한 것이 아닌가 하는 생각이 든다. 절묘한 비유를 통해서 심미적 경이를 추구하면서 비약적인 이미지의 진폭을 통한 현대시의 상상력에 도전하고 있다는 생각이 든다.

제10강 제목 붙이기

　시조의 제목은 시조의 첫 얼굴이자 이름이다. 첫 인상이 억지스럽거나 반대로 그 시조의 내용이 어떤 것인지 들통나버리면 제목으로는 다소 미흡하다. 제목은 내용이 궁금하도록 해야 한다. 제목은 시조의 내용을 암시하는 상징으로 화자가 의도하는 이미지와 직결되어 있기도 하다. 적절하게 제목을 붙이지 못하면 의미가 절감되고 긴장감이 상실된다.
　제목은 그 자체만으로도 독자의 관심을 불러오고 때로는 화자의 철학적 사고를 유추해 낼 수 있는 중요한 단서가 되기도 한다. 다음은 제목을 붙이는 요령이다.

첫째, 시조의 내용과 맥을 같이 하는 어휘를 선택한다.
　　　- 부분을 상징하는 낱말 또는 함축적으로 나타내는 말
둘째, 광고나 신문기사의 카피나 헤드라인처럼 제목을 붙인다.
　　　- 이 경우 시조의 핵심 내용이 너무 드러나지 않게 전체를 아우르는 기술이 필요. 중심적인 모티브 하나를 택하여 제목으로 삼는 방법.
셋째, 신선한 어휘로 독자의 관심을 유도 하는 어휘를 선택한다.
　　　- 진부한 말, 일상적인 말, 상투적인 말 등은 회피
넷째, 아주 구체적인 어휘를 선택한다.
　　　- '우주'보다는 '별, 달, 구름', '꽃'보다는 '무궁화', '장미', '진달래'
다섯째, '무제'로 하는 것은 가급적 피한다.

여섯째, 가능하면 외래어는 사용하지 않는다.
일곱째, 기호나 암호 같은 것도 피한다.

1. 주제와 내용이 동떨어진 예문

> ①
> 가끔 여우비 뒤에는 무지개가 떴다/ ***
>
> 인연이란 풍차 같은 것 풀었다가 감는 바람
> 아주 먼 옛사랑을 우연히 만났네
> 우수수 은행잎 지는 내 삶도 가을쯤에.
>
> 그리움의 샛강 하나 품어안고 살았다는
> 그 말은 차마 못하고 물안개만 보았네
> 스치고 지나간 바람 찻잔에 이는 바람.

▶ 이 작품을 읽고 제목을 연상하거나 화자가 전하는 메시지를 느낄 수 있는지 생각해 봐야 한다. 제목은 주제를 암시하거나 주제와 일치해야 한다. 이 시조를 읽고 '가끔 여우비 뒤에는 무지개가 떴다'라는 제목을 유추하기는 쉽지 않다. 주제와 일치하는 것도 아니다. 또한 이처럼 긴 문장을 제목으로 다는 것이 적절한지도 고민해볼 필요가 있다.

2. 특정 대상만 이해할 수 있는 제목의 예문

> ②
> 장면27과 56/ ***
>
> 알뿌리 동짓달도 꽃살무늬 어여쁘다
> 새 창에 한지 바른 갓 풀 먹인 백 년 언약
> 배전한 호접란 문양 겨울 신부 닮았다.

▶ 제목 '장면27과 56'은 영화나 연극 장면을 표시하는 번호 같다. 이 같은 제목은 그 영화나 연극을 관람한 사람은 쉽게 이해할 수 있지만 그렇지 못한 사람은 시조 본문만 읽고 장면 표시번호를 연상하는 것은 사실상 불가능하다.
 이 같은 제목을 달아야 할 이유가 있다면 주석을 달아 독자들의 이해를 도와주어야 한다.

3. 작품을 읽고 제목을 연상할 수 있는 예문

> ③
> 백목련/ 김은자
>
> 한바탕 몽니부린 꽃샘추위 지난 뜨락
> 하얀 깃 아기 샌가, 가지 끝에 봉오리들
> 소곳이 밝혀든 촛불 기도하는 엄마 같다.

▶ 시인은 아기처럼 순결한 백목련 꽃봉오리에서 촛불을 켜들고 소망을 간절히 기도하는 엄마의 모습을 본다. 그렇게 시인은 초봄에 막 피어날듯 한 백목련 꽃봉오리를 바라보며 마음의 순화를 학이시습學而時習 한다. 탁세에서 선함과 아름다움을

가꾸고 있음이다.

4. 본문의 내용 중 핵심 어휘를 제목으로 한 예문

④
석문천 벚꽃 /임병웅

석문천 벚꽃 길엔 폭동이 벌어졌다
팝콘처럼 뛰쳐나온 영락없는 삼일 만세
양 손에 태극기 들은 다시 보는 아우네.

▶ 이 작품은 본문 내용 중 핵심 어휘를 제목으로 삼고 있다. 흔히 본문에 나오는 어휘를 제목으로 삼지 않는 경향이 있으나 그렇게 해서는 안 된다는 규칙 또한 없다. 작가는 벚꽃이 온통 세상을 뒤덮을 듯이 피어 있는 모습을 선열들이 태극기를 손에 들고 '독립만세'를 외치는 역사적 한 장면으로 은유하고 있다. 마치 100여 년 전에 태극기를 손에 들고 대한독립만세를 외치며 밀물처럼 몰려들던 아우네 장터의 모습을 떠올리고 있다. 엉뚱하기 짝이 없는 착상이다. 이러한 표현 기법을 이른바 '낯설게 하기'라고 한다.

5. 특수 기호를 사용한 예문

⑤
S# 1/ ***

꽃물 든 저녁이면 빈들은 고요하다
올 컬러의 추억들 흑백으로 저물 때
가만히 내밀어 보는 그대와의 오버랩.

▶ 작품을 읽고 'S# 1'의 이미지를 연상하기는 어렵다. 'S#'은 시나리오에서 scene number, 즉 장면 표시이고 1은 시나리오 번호이다. 'S#' 뒤에는 개략적인 시간, 공간적인 표시사항을 붙이게 된다. 이로 미루어 작가의 의도는 영화의 한 장면을 연상하면서 이 시조를 지은 듯하다. '올', '컬러', '오버랩' 등 외래어를 남용하고 있다.

제11강 시조의 품격

시조는 작가의 인품이다. 따라서 비속어, 저속어, 욕설, 모욕 등 일상 언어에서도 상스러운 말은 피하고 격조 높은 말로써 독자들에게 감명을 주어야 한다.
① 외래어와 혼용하는 것은 피한다. (spring comes, 꽃이 핀다)
② 욕설, 저속어, (놈, 멍청이, 서방질, 바람둥이 등등)
③ 가능하면 표준어로 한다.
④ '까발리다' 같은 속된 말도 피한다.
⑤ '늑대', '개', '음담패설 같은 비속어(卑俗語)도 피한다.
⑥ 속어, 줄임말, 신조어 등도 피한다.
⑦ 시조는 시와 다르게 생략을 나타내는 기호(……)는 사용할 수 없다.
⑧ 명령조나 구호 등도 피하는 것이 좋다.
⑨ 수학 공식 같은 표현도 피한다. (12345, ∞, $\frac{1}{3}$, □, 36.5c+ 등등)
⑩ 경어(敬語) 사용도 가능하면 피한다.

〈아쉬운 글 보기〉

> ①
> 파고다 공원 단상/ ***
>
> 기미년 함성자리 꾀죄죄한 노인들
> 지갑 속 비상금이 꼬깃한 천원 두 장
> 하루해 보내는 길에 여비로 보태 쓴다.

▶ 위 시조는 노인을 비하한 작품이다. 이 작품에 드러내놓고 비난이나 저속한 표현은 하지 않았지만, 공원에 모인 노인들을 가난뱅이로 비하한 것은 올바른 마음가짐이라 할 수 없다.

②
아줌마/ ***

작은 눈, 납작한 코 지지리도 못난 얼굴
제 발로 고약한 냄새 코 찌르는 꼴볼견
다음 번 선거판에서 상판대기 보자구.

▶ '꼴볼견', '상판대기' 등은 노골적으로 상대를 비하하는 말이므로 삼가야 할 낱말이다. 특히 이 시조에서 '아줌마'라는 낱말은 통상적으로 나이든 여자를 편하게 부르는 말인데 본문에서처럼 비난을 하면 작가가 본 어느 특정 인물이 아니라 '아줌마'라 불리는 여자는 다 못나고 고약하고 꼴볼견이라는 의미가 되므로 사리에 맞지 않을뿐더러 여성들로부터 거센 항의를 받을지도 모른다.

③
물수제비/ ***

물의 낯바닥을 돌멩이로 때리더니
물의 감옥에 돌멩이를 수감시키더니
이런 걸 저도 모르게 지은 죄라 부르나.

▶ 얼핏 보면 괜찮은 작품 같아 보이지만 '낯바닥'이라는 표현이 비하 투의 어조이다. '낯바닥'은 '낯'의 비속어이다. '수감시키다'는 앞에 나오는 '감옥'과 중복이 되고 있다. 초장과 중장이 모두 '물의'라는 낱말로 반복되고 있어 어색한 문장을 만들고 있다.

※ 선비의 품위, 기개, 절개를 나타낸 고시조 몇 수를 살펴보자

④
청산은 엇제하여 만고에 프르르며
유수는 엇제하여 주야에 긋지 아니는고
우리도 그치지 마라 만고상청 하리라
　　　　　　　　　　　　　　　　　-퇴 계-

▶ 대구법, 연쇄법, 설의법을 활용한 작품으로 선비의 품위를 엿볼 수 있다. 학문(도학)을 정진하여 옛 성현처럼 후세에 이름을 남기는 것이 영원히 사는 길임을 함의하고 있는 작품이다. (뜻풀이) 긋지: 끊어지지(그치지), 만고상청: 오랜 세월 변함없이 푸름

⑤
나모도 병이 드니 뎡자라도 쉬리 업다
호화이 셔신제난 오리 가리 다 쉬더니
녑디고 가지 것근 후난 새도 아니 안난다
　　　　　　　　　　　　　　　　　-정 철-

▶ 인간의 의리와 도덕조차도 권력과 금력에 파묻히는 세상, 이

런 야박한 민심을 개탄하고 있는 작품이다. 해바라기 형 무리들의 변절을 개탄하고 있다.
(뜻풀이) 덩자: 정자나무, 쉬리: 쉴 이, 셔신제난: 서 있을 때는, 녑디고: 잎 지고, 가지 것근 후난: 가지 꺾긴 후에는

제12강 퇴고

　퇴고는 시문을 다듬고 고치는 과정이다. 명품 시조가 되기 위해서는 퇴고는 여러 번 할수록 좋다. 이 과정을 통하여 첨가, 삭제, 재구성이 가능하다. 몇 가지 주요한 사항을 열거해 본다.

　① 음수와 소절은 적절한지 살핀다.
　② 구의 의미 단위가 제대로 만들어졌는지 살핀다.
　③ 통사적 언어를 강제 분할하지는 않았는지 살핀다.
　④ 종장 첫 소절이 독립적인지 살핀다.
　⑤ 종장 후구를 현재시제로 마감했는지 살핀다.
　⑥ 각 장의 독립성, 연결성, 완결성을 유지했는지 살핀다.
　⑦ 연시조의 조건을 준수하였는지 살핀다.
　⑧ 비유의 남용과 오용은 없었는지 살핀다.
　⑨ 종장에서 화자의 결의는 잘 나타나고 있는지 살핀다.
　⑩ '낯설게 하기'를 하여 신선미를 갖추었는지 살핀다.
　⑪ 주제를 벗어나지 않았는지 살핀다.
　⑫ 시적 대상을 설명하거나 묘사하지 않았는지 살핀다.
　⑬ 독창성은 있는지 살핀다.
　⑭ 행갈이는 규칙대로 했는지 살핀다.
　⑮ 우리말로 순화하였는지 살핀다.
　⑯ 문장의 호응은 어법에 맞게 되어 있는지 살핀다.
　⑰ 외래어는 표기법을 준수하였는지 살핀다.

※ 시조 짓는 순서

첫째, 발상 단계
생활 주변에서 보고, 듣고, 스스로 겪은 일에서 감동을 받았거나 별안간 떠오르는 생각을 시조라는 형식으로 그려내고 싶은 시상이 떠오르는 단계.
① 대상의 발견
② 현미경적 관찰

둘째, 소재 수집 및 관찰 단계
시상이 떠올랐거나 어떤 소재를 발견해서 글의 소재를 찾아내고 소재의 외형만 볼게 아니라 내면의 세계까지 세심히 관찰하여 그 특성을 찾아내야 한다. 찾아낸 소재 중에서도 이 글에 가장 걸맞은 소재만을 여러 각도로 검토하여 추려내는 단계.
① 소재 수집 및 정선
② 소재의 특성 파악

셋째, 구성 단계(형상화 단계)
추려낸 소재들을 어떻게 글로 표현해야 나타내려는 뜻이 분명해지고 좋은 글이 될 것인가를 생각하며 5감과 상상력을 동원해서 써보는 단계.
① 이미지 만들기
② 상상력 발동
③ 5감의 활용

넷째, 문장 구성 단계
머릿속에 그려진 그림 즉 형상화한 것을 문장이라는 형식으로 변용하는 단계.
① 일사일언
② 낯설게 하기
③ 수사법 동원

다섯째, 말 바꾸기 단계
지어 놓은 글 중 수사법, 의인화, 낯설게 하기 등을 통해서 용어 등을 바꿔본다든가 낱말이나 구절 등의 자리를 바꿔보는 단계.
① 어떤 사실을 빗대어 표현하기 : 물은 흘러간다. → 세월은 유수 같다.
② 주어나 목적어를 바꿔보기 : 길에 쓰레기를 버린다. → 길에 양심을 버린다.
③ 은유 형태 대입하기 : 꽃은 아름답다. →꽃이 웃는다. 비둘기는 새다. → 비둘기는 평화다. 연꽃 → 불교, 스타 → 배우 등
④ 의인화하기 : 꽃이 웃고 있다. 잠자는 바다. 파초의 꿈 등
⑤ 낯설게 하기 : 나목 → 먹고 버린 생선 뼈, 전기 줄에 앉은 제비들 → 오선지

여섯째 다듬기 단계
주제가 선명한지, 정형의 틀을 벗어나지 않았는지, 운율(리듬)은 맞는지, 맞춤법은 맞는지, 비유는 적절한지, 이미지 전달은 충분히 잘 되었는지 등을 살피고 다듬는 단계.

① 주제의 선명성
② 형식과 운율
③ 비유의 적절성
④ 맞춤법

일곱째, 감상 단계
위와 같은 단계를 거쳐 완성된 자기의 시조를 음미하면서 낭송하는 감상 단계.
① 반복하여 낭송하기
② 제3자적 입장에서 평가

김흥열

- (사)한국시조협회 이사장 역임
- 현재 (사)한국시조협회 고문
- 송파시조교실 강사 역임
- 동대문 도서관 시조 강사 역임
- 연구서 : 『정형의 매력』, 『현대시조연구』,
  『시조의 정체성과 현대시조 창작』

노재연

- 전북 고창 출생
- 서울대 언어학과 졸업
- (사)한국시조협회 부이사장
- 시조집 : 『달빛 세레나데』, 『알타이어의 미학』,
  『하루치 삶의 무게』, 『바람의 시』,
  『비움의 미학』

시조 창작 교육자료

1판1쇄 발행 2024년 2월 15일

지은이 사단법인 한국시조협회
엮은이 김흥열, 노재연
펴낸이 김화인
펴낸곳 도서출판 조은
　주소 서울시 중구 을지로20길 12 대성빌딩 405호(인현동)
　전화 (02)2273-2408
　팩스 (02)2272-1391
출판등록 1995년 7월 5일 신고번호 제1995-000098호
　ISBN 979-11-91735-76-5
　정가 10,000원

♠ 잘못된 책은 바꾸어 드리겠습니다
♠ 이 책의 내용은 신저작권법에 의하여 국제적으로 보호받고 있습니다.
♠ 전재 및 복제를 할 수 없습니다.